フォアチェンジング

<u>フォワード</u>

改めて詩を書いていて気づいたのは、人生のある時点で起こった感情や考えを書かせることで、それに対する理解や自己受容が深まるということです。もはや恐れることはなく、あなたの一部として吸収され、最終的に癒されました。結局のところ、傷跡は最強の人間を作ります。ですから、ここで私は再び、私がしがみついていた部分を解放しています。

　今の私がまだ見ぬ未来を変える前

ジャーマンブラウン

誰も責められないとしたら
歌詞の意味: 私たちの心の孤独のために
肩にのしかかる重さのために
歌詞の意味: 私たちの心の痛みのために
どうすれば修正できますか?
他人に先延ばしにしないか
永遠の穴の中に埋めるのか
もし、それを乗り越えることができたら
重量は存在しません
痛みが少しズキズキする
代わりに、心は軽蔑に満ちています
どのように謝ればいいですか?
残すことを選んだ人々のために
かつてと同じ気持ちを他の人に感じてもらうた
めに
それはまだ価値がありますか
本当に責められる人がいなかったら

私にとって詩とは?

それは、イメージに変わる言葉、思考に変わる
イメージ、取り込まれるのを待っている概念に
変わる思考の形です

書かれた言葉を分析し、後から来るおろそかに
されることなく、見られていると感じる自由

純粋に受け手の感情と考え方に基づいた 2 人の
会話は、目の前に書かれた考えをどのように認
識するかを考えています

私にとって詩とは?

その無限の場所は、私が自分では説明できない
ものへの紛れもない快適さで家に接続します

詩という概念は何と繋がるべきか、
時間
それは、誰かがそれを受け取らなくなったとき
にのみ止まる言葉が生み出された流れる川です
詩の定義は絶えず変化しており、かつては私の
ために書かれた言葉でしたが、他の人のために
書かれていました。歌詞の意味: 私のための言葉
に発生し、別の人によって書かれた
2:02 [am]が回ってきて、私は自分に向けられた言
葉を見つけました。私によって書かれた
とっくに諦めていた宝物
再び時の流れが変わり、自分にとって詩が「あ
るべき」とは何を意味するのかが改めてわかっ
た

母が教えてくれた最高の教訓

それは、他人に対する私の見方を落胆させるた
めではありませんでした

自分の意見を私に押し付けるためではなかった

母が教えてくれた最高の教訓

自分のコントロールの及ばないところにあるけ

れど、手の届くところにあるものが必ずあるこ

とを理解すること

自分が最高の自分になれるのに、他人の目には

十分ではないということを理解することです

自己

自分にしか定義できないこと

まるでテストのようだ

あなたは満点から始めて、他の人の言葉、意見

、基準があなたの心に歓迎されるたびにポイン

トを失います

成長は十分か
変わるだけで十分ですか
許すだけで十分ですか
物事を成し遂げるのに十分ですか
前に進むだけで十分ですか
成長するのに十分ですか
私が言いたいのは、成長は十分であるべきか
変更するだけで十分でしょうか
赦すのに十分であるべきか
物事を成し遂げるのに十分であるべきか
前に進むのに十分であるべきか
成長するのに十分であるべき
そうでなければ、成長とは何でしょうか
他と比べてどうですか
なぜ他と比較されなければならないのか
なぜすべてを定義する必要があるのか
成長は十分か?
はい。
自分で設定したものへの最小の一歩
常に十分です

変化は完全な幸福をもたらすと思っていました

前進し続けるための絶え間ない内なる戦いについてはどうでしょうか

元の自分に戻るのを阻止するための葛藤

もっと重さが軽くなると思っていたのに

あなたが自分自身に課した新しい期待についてはどうですか

設定した新しい目標を達成できないという自信喪失

変化を忘れてしまって、成長は時間とともにしか起こらない

新しい本能が自分の一部になるまで、古い本能と戦う

変化が 私に完全な幸せをもたらさないというわけではありません

それは、私が喜んで受け入れるだけのものしか私にもたらさないということです

太陽の光は明るく暖かいです
夕焼けがもっと綺麗になる
夜は平和です
今まで気づかなかった
初めは
太陽の光が眩しすぎた
私はいつも夕日が恋しかった
悪夢だけが夜に響いていた

「世界は広すぎて一箇所にとどまることができない」

もしかしたら、離れることへの恐怖を理解していないのかもしれません

もしかしたら、他人から与えられた責任がないのかもしれません

もしかしたら、本当に無料なのかもしれません

いや、もしかしたら

彼らは自分のために生きるとはどういうことかを理解しています

彼らは、家と快適さが単なる場所ではないことを理解しています

もしかしたら、彼らも成長と変化を経験したのかもしれません

冬が来るのが待ち遠しい
葉が落ち始めます
笑いが絶えなくなる
音楽はいつも身近に
自己反省が再評価される
変化が訪れるとき
幸せが優先される
古い目標が達成されつつある
現在と未来が調和している
新しい年がもうすぐ始まります

ライターズブロックは、書くものがなくなった
ときに起こるものだといつも思っていました
言わなきゃいけない言葉が言われたらこんなこ
とになるなんて知らなかった
この２つは同じ定義に当てはまると思います
癒しによって、言葉を失い、思慮を失い、言葉
がなくなるとは思いもしませんでした
私はもはや、自分が恐れていたことや、言うこ
とを恐れていたことを表現する方法として書く
ことはありません
書くことと人生が絡み合っているんでしょうね
それは成長し、変化し、前進し、時間とともに
流れます
作家のブロックは、あなたの人生の一部が終わ
ったときに起こると思います
受諾または拒否

夢を追いかけるのは不可能だということがわか
った
追跡は終わりのない道です
計画を立てる方が実現しやすいことが分かりま
した
計画は道を変えることができますが、それは
終わります
夢を叶えるには、夢の旅を楽しまなければい
けないということを学びました
旅は、夢そのものよりもあなたを定義します
人生の夢は短期的なものよりも優れていること
がわかりました
彼らはより長生きし、より大きな達成感を持っ
ています

私はいつも、一番つらいのは離れることだと思っていました

安らぎから解き放たれるために

終わりが見えない道を選ぶには

その後、私は滞在するのが難しくなりました

外の世界がもたらすものを忘れること

夢や目標をつくり、決して叶えない

私はいつも、どちらの決断も選択の余地があると思っていました

その後、計算に基づいてなりました

これは私の現実的ですか?

それは私が生きていける選択ですか?

しかし、私は時間を忘れました

時間が真の決め手でした

その時、それは決して自分次第ではないと悟りました

しかし、私が生きていた考え方は、時間そのものが変わることを予感させるものでした

泣けるのを忘れていた

年月が流れたが、彼女の存在感は決して和らぐ
ことはなかった

私の最初の反応は笑うことでした

いつもの考えすぎがなぜ突然壊れたのか

それはまるで、彼女の体と心が、この時間のた
めに、一瞬一瞬、感情を救っているかのようだ
った

多すぎたんでしょうね

自己絶望の度合い

自分の人生を他人と比べることが多すぎる

彼女の可能性に気づかなかったことが何度もあ
りました

ただ、考えすぎている回数が多すぎます

私は時間があまり好きではありませんでした

一日に十分な時間はありませんでした

動きが遅すぎることもありました

動きが速すぎることもありました

まったく動かないような気がすることもありました

年をとったけど、過去の記憶は消えない

それらを忘れるのに十分な時間が経過しませんでした

それから私は時間に依存するようになりました

それなしでは前に進めませんでした

今、私は時間と調和しています

必要に応じてキャプチャできます

しかし、それが私を通り過ぎる瞬間はまだあります

私は時間があまり好きではありませんでした

私はそれと共に生きることを学んだばかりです

彼女がどんなに強かったか、いつも忘れていた

私を育てる顔をして

私を導くことに直面して

その重要性を全く理解していませんでした

彼女がどれだけ乗り越えたか、私はいつも忘れ
ていた

年をとるのが待ちきれなかった

彼女が私に与えてくれたサポートを彼女に返す
ために

終わりのない笑いの胃の痛みを彼女に返すため
に

彼女が生きるに値する人生を取り戻すために

年をとれば時間は短くなるのに

私が彼女のために書いた言葉は永遠に続くこと
を知っています

新しい始まりはいつでもあなたを歓迎する準備
ができています

ドアが閉まっていると思っても

最高の成果は手の届かないところにあると思っ
ていても

新しい成果は、その道の果てにあります

たとえその道のりが思ったものと違っても

たとえ他人を置き去りにしなければならなかっ
たとしても

なぜ私たちは、あたかも他者のために自分の可能性を遠ざけるかのように、

彼らは私たちがどこまで到達できるかを知りません

来年の準備は、今やるべきだったかもしれない
ことを考えると、とても圧倒されるように感じ
ました
見たいもの
自分に1年だけ与えるのが公平なら
今年も行き詰まりの年になるのだろうか
人生はとても短く、一年でさえ何もないように
感じることがあります
年々取っていくということは、一日一日をとっ
ていくことです
皮肉ですね
年を取りたかったことを後悔していると言う人
もいるでしょう
しかし、現実を前にすると、成長は決断や意欲
に異なる価値を与えてくれます
より哲学的になる人もいるでしょう
他の人は本当に成長しません
しかし、もちろんそこにも価値があります

雨にはいつも心が落ち着く

雨が降るたびに、私はより明瞭になります

それは、私がその日に計画したことが何でもや

ってくることを私に告げるサインです

暗い雲と揺れる木々が私を慰める

それは、未来の自分を見て、そこにたどり着く

ために何をすべきかを正確に知るようなもので

す

もっと頻繁に雨が降ればよかったのに

しかし、そうすると意味がわからなくなってし

まうのでしょうね

だから、その代わりに、太陽にしばしば伴う考

えすぎから常に避難所を与えてくれることを願

っています

他人の反応を頼りに自分を推測している
だけなら、準備ができていません

それを克服する

生成された応答として「はい」と言わなくなり
ました

恐怖心から遠慮することはもうありません

興味のないことにはもうコミットしない

成長した人の周りに人を置かなくなる

白昼夢はあなたを遠くまで連れて行ってくれません
原因が無いようなものです
計画のない目標
変化を望むだけではダメ

今のような目標や夢を夢見ていたことはありま
せん
でも、夢にも思っていなかった
今は見ないでいられない
私を待っている人生
新しいドアを開ける自作の鍵

月は私たちの秘密をすべて保持していると言われています

しかし、それは太陽だと思います

じっと見つめる

生活を舞台に

解散を待つ

しかし、月

それは通常の生活様式に避難所を与えます

それは私たちが恐れないことを願って太陽を覆います

代わりに、私たちの生活を群衆に溶け込ませる

なぜ未知なるものが現れるのを待つのか

なぜ旅が自己発火するのを待つのか

なぜ火が燃え尽きるのを待つのか

自分のためにその瞬間を取り、炎に栄養を与え
てください

私は決して自分で書かないようにします

　書かなきゃいけない　なぁと感じることが多々あります

内側に違和感を覚えるものを手放すこと

でも、私は特定の言葉を無理やり言える人間ではありません

それは口にしない方がいいでしょう

その代わり、私は心を忙しくするようにしています

平和の瞬間がいつ来るかを正確に知るために

時には、すべてが止まる瞬間がなければならない

旅が休息地点にたどり着く場所

振り返る時間を取る場所

歌詞の意味: 我々 はいつも星を見ていた場合

私たちはまだ彼らを同じように大切にするでしょうか

音楽は私の人生の完璧なメロディーになりました
それぞれの音が独自の痕跡を残す
互いの影に完璧に生きる

他人が決める価値は、決して真に価値あ
るものにはなり得ない

雨の美しさをどう説明できるか

ほとんどの雨は恐ろしいものです

ご不便です

月の美しさを説明するのは簡単です

ほとんどの人にとって、月は魔法のようなもの
です

それは贈り物です

しかし、雨は悪びれることなく降り注ぐ

空に描かれた絵を歪ませる

一部の人には許せない

静寂の力
動じない淀んだ声
言葉の力
その裏側を暴くエコー
リスニングの力
心を覚醒させる言葉集

その瞬間があなたに来たとき、それは最高のこ
とです

もう追いかける必要はありません

それはあなたが築くことを選択した人生に完全
に適合します

すべての勝利は貴重です

しかし、小さな勝利は魂のためにある

前進し続けるためのリマインダー

大きな勝利は魂にも向けられます

しかし、旅のチェックポイントのようなものです

両者の間に大きな違いはありませんが、大きな勝利があなたをフィニッシュラインに導くことがあります

依存関係には制限があるはずです

答えが「はい」になる、または「はい」になる
はずだという期待

恩知らずで利己的な微妙な感情がやってくる

答えが「いいえ」の場合

壁に話しかけた方が楽だと思う

自分の声が絶対に突き刺さらないことはもうわかっている

応答の期待が存在しない

少なくともそうあるべきです

しかし、壁は私に代わりに反応することを余儀なくされます

歌詞の意味: 私が言ったことに

質問内容へ

応答の期待が存在しない

どうして忘れられようか

歌詞の意味: 私の声がそれを貫くことは決してないだろう

責任が嫌いなわけじゃない

結局のところ、私に与えられたのはそれだけです

人付き合いが嫌いなわけではありません

やっぱりいつも周りにいてるし

私はその逆を望んでいるわけではありません

結局のところ、私が知っているのはそれだけです

最後の触媒が来たらどうするか

自分の中に抱えていたものが、調和して生きら
れなくなったとき

新しい行動の背後にある理由を説明しなければ
ならないとき

自分のために生き始めたら
甘い思い出 が手に入ります
一瞬一瞬にしがみつくのではなく、
瞬間が停滞しているのを見るから
それらは時間の断片です
そして、時間は常に進んでいます
それらはやがて忘れ去られ、次のものがやって
くるという悲しい希望を伴います
だから思い出を作る
いつまでも心に残る瞬間を、その上に築
き上げていく

家は家を作らない

それは私たちがそれを埋めるものです

家は場所である必要はありません

それは、それがもたらす揺るぎない快適さについてです

家は変化し、何か別のものに成長することができます

名詞を形容詞に変えるのと同じ方法です

家はあなたが始めた場所である必要はありません

それは時々、あなたが自分自身の中に見つけるものです

彼らにとって、私はもっとイライラしています

話しかけづらい

昔はもっと冷静で気楽だったのに、と言われま
す

本当は

私は彼らの要求を受け入れるのをやめました

私はもはや彼らの前で舌を巻くことはありませ
ん

私にとって、私は依存の境界線を断ち切ったの
です

私はもはや彼らの幸せの重みを負っていません

昔は変化が嫌いだった

本当に怖いです

部屋にポスターを貼っていたら眠れません

純粋に、今は何かが違うから

それは私の無意識の習慣です

しかし、それは面白いです

私はいつも人生の次のものを探しています

次の道

次の旅

次の目標

そして、それが来るとき

ぐっすり眠れる

私の書くことへの愛は、分析への愛に由来して
います

他人の言葉を読み解くこと

無限の認識を見つけ、両方の視点を認める

自分で見つけたもの

そして、著者が書いているもの

あなたに対する人々の認識は、決して変わらない
ことがあります

そして、それはあなたには降りかかってきませ
ん

同じ環境の中で人が成長し、変わろうとすると
き

他人の目には進歩が軽視される

無い

詐欺です

同じ環境から抜け出して初めて、自分の内側に
ある再定義された自己が輝きます

そして、その瞬間に、怒り、恐れ、絶望感も置
き去りにすることがあります。

私がどれだけ彼女に感謝しているか、彼女に知ってもらいたいです

彼女に認めてもらうために２倍頑張った方法

私がどれほど感謝しているか、彼女が理解してくれたらいいのに

怒りを抑えた方法

私がどれほど見落とされていたかに彼女が気づいてくれたらいいのに

利己的で、恩知らずで、怠惰なやり方が、私を定義する唯一の言葉だった

本当にわかってくれたらいいのに

歌詞の意味: 私が今書いた言葉

夜にきらめく星

太陽の光を自然に浴びせるように

それは月と空を共有しています

しかし、一方が他方を凌駕するわけではありま
せん

太陽は雲と空を共有しています

だから、明るくなると、それが彼らを突き刺す

彼らにもそれで輝かせる

夜には雲が休む

影になる

星と月だけが空を分かち合う

太陽が見せる突き刺すような明るさを静め、夜
がもたらす美しさを捉えるために

未知なる世界に足を踏み入れることを恐れない

築き上げた心地よさを残すために

夢や目標への道筋が常に明確であれば

それなら、あなたはそれのために働かないでしょう

あなたの成長に報酬はありません

未知なる世界を新たな心地よさに

そして、あなたがそれを歩くにつれて、道がますます明確になるのを見てください

未知なる世界に足を踏み入れることを恐れない

なぜなら、それはあなたが発見するためにそこにあるからです

別のバージョンの自分を構築して作成する人も
います
周囲の人にフィットするペルソナ
あなたが彼らが必要だと思うものだけになる
そして、それはうまくいきます
彼らは、あなたが彼らのために創造した人のお
かげで成長し、繁栄します
だから今、あなたは戻ることができます
原初のあなたへ
しかし、あなたが構築したペルソナは、今やあ
なたが知っているすべてです
時間はかかりますが、見つけます
本来の自分ではなく、なりたい自分

その瞬間が輝くのを辛抱強く待っています
それでも、それはまだ遠慮しています
垣間見るだけか、めったに何も見せない
たぶん、他の人もそこにいるからでしょう
自分だけに限られていると思っていた瞬間に浸
ること
本当にあなたの姿が見えた瞬間
意図的ではありません
彼らにとって、それは重なり合うものであり、
あなたが放つ輝きは純粋に薄暗くなります
歌詞の意味: あなたは星です。
そして、彼らは月です

人生を楽しむために、人生は壮大である必要は
ありません

しかし、だからといって、スターを狙うのをや
めるわけではありません

あなたの目には、それは壮大ではないかもしれ
ないからです

それは受け入れられる夢です

そして、その違いこそが重要なのです

目標に一息つく瞬間に

時には今を振り返ることもあります

新しい興味が目に留まり、新しい道を考えます

本来の道を捨てたわけではありません

しかし、基盤に別のレイヤーを追加しました

動くための後押しになるようなもので構築する

フォワード

より充実した道を切り拓く

私は昔から朝型人間です

夜明けに目覚めるのが好きというわけではあり
ません

でも、私にとっては大事なルーティンになって
います

時には見下すもの

私たちの人生のガイドになります

音楽が社会にインパクトを与えないなんて考えられない

あたかも言葉そのものが無意味であるかのように

あたかも、私たちが作り出す曲やメロディーは、私たちの中に作られていないかのように

白黒の人生に満ちた映画

いいえ、音楽の背後にある仕事は、肉体労働の背後にある仕事とは比較になりません

しかし、それは身体性です

それは常に比類のないものです

私たちのメンタリティには何かが必要です

音楽は、私たちが作った言葉を、より大きく響かせるように指示します

それは何世代にもわたって受け継がれています

人工的なものに対して階層的

実際に書くのは久しぶりです

自分の言葉がどうあるべきかという内面の葛藤

正直なところ、私は自分が言いたかった言葉を

思い出すのにほとんどの時間を費やしています

記憶が脳裏によみがえることを期待して、足

跡をたどる

多くの場合、機能します

しかし、そうでない時代は

何かを失ったような気がする

「言うべきだった」こと

あの時の自分の一部

でも、忘れ去られるものもあるんでしょうね

そして、それとともに、新しい言葉が彼らに書
き換えられます

雨が空の太陽を定義するとき

そして、雲は落ち着いた灰色を形成します

そんな時こそ書きます

歌詞の意味: 解放されたいと感じたとき

そして、物事を振り返ることができます

なんとなく書いてしまいました

雨が眩しいコンパスから解放されるとき

一見静かになりました

私はそれをライターズブロックとは呼びません

「書けない」わけではない

ただ、必要性を感じないこともあります

でも、始めたことを諦めて立ち止まるわけ

にはいかないのはわかっています

だから今は私の責任です

もう一つは、私が自分自身に引き受けたものです

しかし、それは重荷ではありません

結構楽しいです

それは私を自由な気分にさせてくれます

傷つきやすい

価値

嬉しい

有難い

そのために、やろうと思えば書くのをやめられ
ないと思います

私は自分自身を何事にもやり過ぎにしました

それが私を満足させてくれた唯一の満足感でした

自分が成し遂げたことを本当に認められたのは、その時だけでした

先輩たちが作ったハードルを凌駕する

しかし、それでもそれだけでは十分ではありませんでした

今、それは私の存在の一部です

一生のうちに必要以上のことを克服し、成し遂げること

それが私の生きがいなのでしょうね

常に新しい目標に向かって努力する

時の流れを遅らせるような静けさを捨てて

常に褒められるのは好きじゃない

スポットライトを浴びるのが居心地が悪い

何かにおいて他のものよりも優れていること

さらに成功するための目に見えない重みがあり
ます

「アメージング」という言葉が「オーバーアチ
ーバー」に変わる

私が「ありがとう」と言うと、なぜか謝罪に変
わります

光に反射する斑点がゆっくりと落ちていくのが
見えた
その時です
見失うまで一貫して動きます
今、斑点は消えています
とか思ったり
しかし、私は今、光のより明るい反射の中に、
別のものを見つけました
あれは夢だ

特定の人にしか理解できない詩もあります
これらは私が書きたいものです

私は偽善者です

それは認めていいと思います

自分が他人に求めるものと、与えられたものが

必ずしも一致するとは限りません

しかし、成長の第一歩は意識することです

特定の状況で自分自身を意識する

そして、周りの人に気を配りながら

しかし、私も完璧ではありません

それも認めていいと思います

たった１曲があなたを潜在意識の記憶に押し込むことができるという陶酔感があります
時間が止まり、現在の環境がぼやけている 過去、現在、未来を回想したり、振り返ったりしている自分に気づきます
時には、本当の自分に戻れることもあります

私はいつも適切な瞬間を待っていました

何かを始めるには

日で行くと、月曜日でなければならなかった

年々、それは感じられる数字でなければならな
かった

「そうだね」

私の将来を計画すること自体が趣味だったので
す

それは決して終わらず、常に何か新しいことを

始めたり、経験したりしていました

疲れ果てました

自分の成果を他人と常に比較する

多くの人が 20 代になり、行き詰まりを感じます
30 代、40 代などがあることを忘れてしまう
私たちは新しい現実感に押し込まれています
私たちの生き方や決断は、今や私たち次第です
それでも、私たちは常に他の人からのガイドを
探しています それについて考える最も簡単な方
法は、あなたを本当に幸せにしてくれるものを
見つけることです
他の人と共有したいもの
そして、それを共有します
日々はあっという間に過ぎ去り、立ち止まり、
考えすぎる余地を与える時間は超えています

私たちは、幸せは笑顔でしか表されないと思い
込んでいます
時には、敗北に直面してそれが表れることもあ
ります
　「喜びの涙」を浮かべることもある

にこやかな人でいるのは大変です

そうしない瞬間に、何かが間違っているという

仮定があります

あまり笑わないんだろうな

時には顔を休ませる必要があること

私たちには他の感情もあるということを

変な感じだよ、大人になって

どうしてそんなに時間が経って、どれだけの時間が残っているのか

どうして私は変わられたのに、まったく変わらなかったのか

言葉が短くなってしまった
これ以上言いたいことがないわけじゃない
しかし、私の論理的な部分は、引きずる必要は
ないと考えています

私が一番恐れていたのは、詩を読んでくれる人
でした
と書いています
私が書いた言葉は文法的に文盲であること
私の言葉が他人に深く刻まれ、永遠の傷跡を残
す可能性
私はそれが私の最大の恐怖だったと言いました
が、正直なところ、それは今でもそうです
舌の上に残すのではなく、飲み込む言葉がまだ
あるという事実に基づいて

私は影で繁栄していると思います
音だけが聞こえる場所
他者との断絶は、私に明晰な瞬間を与えてくれ
ます
自分を思い出すために
自分の周りに作り上げた環境を取り入れること
しかし、それは家ではありません
なぜなら、私も光の中で成長するからです

子供の頃よりも静かにすすり泣く夜が増えました

周りの人からは、私は無感情で、冷淡で、理解できない人でした

どうしてできなかったのか

私の人生は、彼らが感情的に私より下だと思っていた瞬間で成り立っていました

しかし、どうして彼らはそれを知ることができたのでしょうか

子供の頃よりも静かにすすり泣く夜が増えました

涙を流しながら漏れる音をこらえて喉が弱くなったから

光しか見えていない場所で雨乞いはでき
ない

あなたの人生には重要な瞬間があります あなた
がどの社会環境の中で暮らすかを決める場所
明るく晴れた日よりも他人の違いがはっきりす
る場所
私にとっては、そこから人生が本当に始まるの
です
自分の中で受け入れる安らぎの場を見つけ、春
に花よりも多く咲く

痛みについて書くには、それを経験しなければ
なりません

しかし、もしあなたがそれを本当に理解できる
としたらどうでしょうか

いつまでも残る悲しみ 心の中

で沸き上がった怒り

人は同じように壊れて、同じレベルの痛みを感

じなければならないのでしょうか?

もちろん、彼女は私の本当の気持ちを知らないでしょう

私は彼女に対して言葉しか使ったことがない

それらは、私が持っている、または取ろうとする行動を凌駕しています

もちろん、彼女は私の彼女への愛を見ようとはしません

私は彼女に変わってほしいと懇願しただけです

彼らは、私が言った、または言ったであろう「愛している」を凌駕しています

人は変われると信じなければよかったのに

そうすれば、私は彼らに期待するのをやめるで
しょう

そうすれば、私が彼らに抱く期待は薄れてしま
うでしょう

でももちろん

人は変わらないと信じていたのに

私はまだより良い未来にしがみつく方法を見つ
けるでしょう

今は静かです

まるで嵐が来なかったかのように

彼らは再びどれほど自己満足しているのでしょ
う

終わりのないサイクルの中で

彼らは壊れることを拒む

単に、彼らの心が彼らを許さないからです

もう一度言いますが、私は彼らの物語の
悪役です
それは私の物語の悪役にもなると思いま
す

ついにその瞬間がやってきた

最後に泣いた時

私を地下に閉じ込めていた過去からの自由

私は今、重要な存在です

私の夢、目標、そして残りの人生を生きるため

に選んだ方法の中で

失うもの

それを失うことは、再び自己満足に陥ることを
意味します

もう慰めは見出せない感覚

それがあなたの現実になるまで夢を見て
ください

誰もが本当に笑顔になれる人生を送る権
利があります

私はいつもルーティンを壊します
歌詞の意味: 私は幸せで輝いています。
他人を相手にする
まるで自分の中で競い合っているかのように
もちろん、いずれは終わりが来る

上書きしたい過去の人物に気づいた
つまり、私もこの瞬間に
同様に残さなければならないだろう

書きたい

無理やり口にしないでおいた言葉を、本当に語
るために

読みたい

人生の現実から心を解き放つために

私を噛み砕き、吐き出さなかった人生はありま
せん
私は単に箱に入れられ、後で使うために保存さ
れました

-ありがたい

最近、頭の中で歌を歌って目が覚めると、すぐ
に無意識に聞いた言葉を口ずさみ始めます
この曲が登場した時、私はマンネリ化していた
と言ってもいいかもしれません
その言葉は今や私の聖杯です
自分の中で誓った未来の約束を思い出させてく
れる
宇宙が聴きたいと切望していた悲痛で解放的な
メロディー

                                        -マチルダ

私は私自身の人生の不確実性です

起こりうる状況に応じて対応策を練ります

しかし、それでも実際に与えられた応答は1つ
ではありません

私は自分の人生の絶望です

喜びを選ぶか、自己憐憫に溺れるか、私には力
が必要です

私は自分の人生の保護者です

自己妨害の扉を閉ざす

もし私が自分の人生の「私」でなければ、私の
人生はあなたの人生のものです

あなたは不確実性になる

あなたは私の人生の絶望です

あなたは私の保護者でもあります

しかし、「私」を「あなた」に変えるには

私も抱えている自責の念を打ち砕くだろう

自分の人生

皮肉ですね

レプラコーンから物語を作ったこと

あたかも、私たちが一生を費やしていないかの
ように

虹の果てに金を求めて

他人の言葉を読む

時々あなたが必要とするすべてです

自分の一部を取り戻すために

それはかつて長い間忘れられていました

時には 1 つのドアを閉めるために

あなたはそれらをすべて閉じなければな

りません

幸せは感情以上のものです

それは「今」に良いものを見ることを選ぶこと
です

周囲に気を配り、息を吸い込む

それはあなたに快適さを与えます
それは、あなたがより良い経験をしてい
ないからに他なりません

どの時点で雨を待つのをやめますか

冷たい水を頭上に注ぐために

歌詞の意味:
もう一度私をグラウンディングするために

自分の人生で不満なことをすべて変える
ために

変わらない旅を先導する